OBJETS D'ART

ET DE CURIOSITÉ

PORCELAINES — BIJOUX — TABATIÈRES
MINIATURES — DESSINS
ARMES — SCULPTURES — BRONZES
MEUBLES

Dépendant de la Collection d'un Amateur

EXEMPLAIRE E. L. GUTTINER

CATALOGUE

DES

OBJETS D'ART

ET DE CURIOSITÉ

Suite intéressante de Porcelaines de Chine montées ou non montées

PIÈCES D'ÉCHANTILLON

Beaux Vases, Plats, Compotiers,

Assiettes, etc., décorés en émaux de la famille verte et autres;

Porcelaines de Sèvres et de Saxe;

BELLE GARNITURE DE CHEMINÉE EN ANCIENNE PORCELAINE DE CHINE

Montée en bronze doré;

LAQUES ET BRONZES DE LA CHINE ET DU JAPON ;

Belles Tabatières Louis XV et Louis XVI

en or émaillé, en or ciselé, et autres ornées de miniatures,

Bijoux anciens; Éventails; Montres et Châtelaines

Orfèvrerie,

MINIATURES, GOUACHES ET DESSINS;

Armes et fers ouvrés des XVIe et XVIIe siècles; Sculptures en marbre, en bois et en ivoire;

JOLIE STATUETTE ATTRIBUÉE A PIGALLE,

Bronzes d'Art et d'Ameublement

MEUBLES ET VITRINE

Le tout dépendant de la Collection d'un Amateur

ET DONT LA VENTE AURA LIEU

HOTEL DROUOT, SALLE N° 1

Les Mardi 9, Mercredi 10 et Jeudi 11 décembre 1879

A DEUX HEURES

Par le ministère de Me CH. PILLET, Commissaire-Priseur,

10, rue de la Grange-Batelière,

Assisté de **M. CH. MANNHEIM**, Expert, 7, rue Saint-Georges,

Chez lesquels se trouve le présent Catalogue.

EXPOSITIONS
{ PARTICULIÈRE : le Dimanche 7 Décembre 1879.
{ PUBLIQUE : le Lundi 8 Décembre 1879.

de une heure à cinq heures

CONDITIONS DE LA VENTE

La vente se fait au comptant.

Les acquéreurs paieront *cinq pour* **cent** en sus des enchères applicables aux frais

L'exposition mettant le public à même de se rendre compte de l'état des objets, il ne sera admis aucune réclamation une fois l'adjudication prononcée.

ORDRE DES VACATIONS

Le Mardi 9 décembre 1879

Tabatières.	157 à 170
Montres	171 à 202
Bijoux	203 à 229
Éventails	230 à 235
Miniatures et dessins	236 à 269
Orfèvrerie	270 à 281

Le Mercredi 10 Décembre 1879

Porcelaines de la Chine et du Japon non montées....	13 à 130

Le Jeudi 11 Décembre 1879

Porcelaines de la Chine, montées	1 à 12
— européennes	131 à 139
Faïences diverses	140 à 143
Laques	144 à 149
Sculptures et bronzes de l'Orient	150 à 156
Armes et fers	282 à 318
Sculptures	319 à 336
Objets variés	337 à 341
Bronzes d'art	342 à 346
— d'ameublement	347 à 358
Meubles	359 à 363

Paris. — Typ. PILLET et DUMOULIN, 5, rue des Grands-Augustins.

DÉSIGNATION DES OBJETS

PORCELAINES DE CHINE MONTÉES

1 — Torchère formée par une grosse potiche en ancienne
porcelaine de Chine décorée en émaux de la famille
verte ; la panse est divisée en quatre grands médaillons
en hauteur contenant des paniers fleuris et se détachant sur un fond vert piqueté de noir et décoré d'objets sacrés ; ces médaillons sont rattachés au sommet
et à la base par d'autres plus petits contenant des animaux chimériques et des fleurs. — Monture en bronze
doré ; base à pans coupés arrondis et rentrants supportant une couronne de laurier; au col, galerie ajourée entourant un bouquet de lis portant les lumières.

Haut. totale, 1 m. 05 cent.
Haut. de la potiche, 48 cent.

2 — Deux grosses potiches à couvercle bombé surmonté
d'un chien de Fô bronzé . Fond jaune soufre

décoré de rochers émaillés en bleu d'où s'échappent des branches de pivoine ; sur l'épaulement, riche bordure ornementale répétée sur le couvercle ; à la base, bordure de faux godrons émaillés en vert bleuâtre et décorés de pendentifs de perles en rose et jaune. — Monture moderne en bronze doré à treillis.

Haut., 90 cent.

3 — Pendule composée d'un vase en vieux Chine émaillé bleu à panse aplatie, à deux anses formées par des perroquets, à piédouche et à col cylindrique surmonté d'un couvercle plat sur lequel est accroupi un chien de Fô. — Monture Louis XVI en bronze doré, base à canaux et feuilles d'acanthe ; à l'ouverture, garniture bordée de perles à laquelle se rattachent des guirlandes. Soubassement en marbre rouge.

Haut., 515 mill.

4 — Deux bouteilles à panse sphérique et col cylindrique évasé à l'ouverture et divisé par trois filets saillants. Flambé rouge de belle qualité. — Monture en bronze doré de style Louis XVI.

Haut., 455 mill.

5 — Vasque profonde ovoïde formant jardinière, à couverte gros bleu. — Monture à trois pieds formés par des griffes et des têtes de lions se rattachant à une guirlande de laurier et reliées par des draperies.

Haut. totale, 83 cent.

6 — Deux petites urnes fond vert.clair décorées en couleurs
d'un paysage rocheux où se tiennent deux femmes.
— Monture à deux anses en bronze doré du temps de
Louis XVI.

Haut., 28 cent.

7 — Vase fuselé à couverte rouge violacé, monté en fon-
taine; garniture en bronze doré à base triangulaire et
trois pieds formés par des dauphins; le robinet figure
une tête de dragon et le couvercle est surmonté d'un
dauphin formant bouton.

Haut., 345 mill.

8 — Deux très belles urnes hexagones à couvercle bombé
surmonté d'un chien de Fô assis formant boutons;
chaque pan est séparé par un filet saillant et arrondi;
fond filigrané d'or; sur chaque face, un grand médaillon
occupé par des scènes familières; sur la gorge, d'autres
médaillons sont ornés de fleurs et d'oiseaux.—Porcelaine à mandarin. — Socle en bronze doré à six pieds
en console.

Haut. totale, 65 cent.

9 — Urne ovoïde à col cylindrique. Fond mosaïque cla-
thré rouge, noir et or; sur chaque face, un grand
médaillon à sujet familier encadré de rinceaux dorés.
— Porcelaine à mandarin. — Monture rocaille à deux
anses en bronze doré.

Haut. totale, 495 cent.

10 — Deux flambeaux montés en argent ciselé, composés de pièces de porcelaine rapportées.

Haut., 19 cent.

11 — Figurine de philosophe dont les chairs ont été réservées en biscuit; la robe est émaillée vert clair et semée de fleurs lilas. — Socle en bronze doré.

Haut., 20 cent.

12 — Bol conique à six pans, décoré sur chaque face de sujets variés à personnages; à l'intérieur, bordure mosaïque; au fond, un paysage.—Monture en bronze doré, à quatre pieds élevés formés par des palmettes et reposant sur une terrasse rocaille.

Haut. totale, 22 cent.

PORCELAINES DE CHINE NON MONTÉES

13 — Deux vases hexagones à parois réticulées; le corps est divisé en panneaux encadrés de bordures mosaïques en rouge et noir séparées par des filets d'or; le fond, ajouré, est émaillé en vert et porte sur chaque face un vase contenant des fleurs émaillées en couleurs et faisant un léger relief; sur le col, les panneaux sont pleins et ornés de branches fleuries en camaïeu rose.

Haut., 30 cent.

14 — Vase quadrangulaire se rétrécissant vers la base, à col évasé et ouverture bordée d'un ourlet; décor émaill

fond vert d'eau, orné de lambrequins ; sur chaque face
un médaillon lobé, en réserve, occupé par des fleurs.
Ce vase est placé sur un pied en porcelaine à galerie
supérieure ajourée dans laquelle il entre.

Haut., 33 cent.

15 — Paire de vases quadrangulaires à panse renflée et col
se terminant par un bourrelet saillant ; arêtes rouge et
or ajourées en relief. Sur chaque face, un paysage dans
un médaillon encadré d'or sur fond bleu ; décor analogue sur le col ; chute à deux ressauts : la partie supérieure, fond rouge, décorée d'une chauve-souris en or ;
la partie inférieure, fond jaune à arabesques en couleurs. — Date de Kien-Long (1736-1796).

Haut., 355 mill.

16 — Petite urne ovoïde à ouverture conique, décorée de
rinceaux fleuris en bleu sous couverte, sur lesquels se
détachent deux medaillons en hauteur encadrés de
filets saillants dorés et occupés par des branches de
pivoine en relief émaillées en couleurs et dorées.

Haut., 235 mill.

17 — Bouteille à corps fuselé et long col cylindrique, décorée d'un dragon dans les nuages en rouge et or.

Haut., 275 mill.

18 — Bouteille à corps sphérique surbaissé à goulot cylin-

drique se renflant à l'ouverture ; décorée en plein d'un
paysage où courent des chevaux ; autour de l'ouverture, petite bordure de lambrequins.

Haut., 245 mill.

19 — **Deux cornets à fond rose émaillé**, décorés de rinceaux fleuronnés en couleurs ; sur chaque face, une
réserve en hauteur renfermant des pivoines.

Haut., 245 mill.

20 — **Vase ovoïde à couvercle bombé surmonté d'un bouton** ; décor émaillé en couleurs et or, de grosses fleurs
et fruits entourent quatre cartouches oblongs encadrés
de rocailles et contenant alternativement un poisson et
un oiseau. La partie supérieure de ce vase et le couvercle ont été percés de trous pour en faire un pot-
pourri.

Haut., 21 cent.

21 — **Deux petites aiguières en forme de gourde**, à couvercle bombé, anse et goulot en S. Couverte bleu
fouetté décorée en or de fleurs et de paysages. Sur le
renflement supérieur, le caractère *longévité* répété sur
chaque face.

Haut., 20 cent.

22 — **Deux vases d'applique en forme de potiches lobées**
portant sur l'épaulement deux têtes de dragons en
relief peintes en rouge et soutenant des anneaux simulés ; fond vert d'eau gravé de rinceaux à feuilles et
décoré d'un bouquet de fleurs émaillées en couleurs.

Haut., 155 mill.

23 — Petit vase d'applique ovoïde à piédouche et col évasé portant au bord un filet bleu; sur la panse, un rocher fleuri; sur l'épaulement, à droite, un cartouche rectangulaire horizontal contenant une inscription chinoise.

Haut., 16 cent.

24 — Plaque d'applique figurant une gourde à deux renflements entourée d'un nœud d'étoffe vert d'eau; le fond du vase est rouge orné de bâtons rompus en or; sur chaque renflement, un médaillon circulaire en réserve porte un grand caractère chinois en or.

Haut., 35 cent.

25 — Coupe à libations à trois lobes, à double paroi, petite anse formée par un dragon doré; sur chaque face un panneau réticulé à jour encadré de fleurettes légères émaillées en couleur.

Long., 11 cent.

26 — Vase à eau pour écritoire en forme de graine de nelumbo avec pédoncule et boutons de fleurs en relief, émaillés aux couleurs naturelles.

Haut., 09 cent.

27. — Flacon à eau pour écritoire formé par un loire rongeant une branche de vigne chargée d'une grappe de raisin et d'une feuille. Porcelaine émaillée sur biscuit, aux couleurs naturelles.

Long., 08 cent.

28 — Petit flacon à tabac de forme orbiculaire aplatie reposant sur une base ajourée et portant sur l'épaulement deux petits chiens de Fô dorés. Décor de bouquets polychromes en or. — Monture en argent doré.

Haut., 07 cent.

29 — Petit pitong quadrangulaire, à quatre panneaux ajourés émaillés en blanc et encadrés d'une bordure rouge à rinceaux d'or. Intérieur émaillé en vert d'eau.

Haut., 086 mill.

30 — Petit plat. Sur le marli, bordure argentée à huit réserves, quatre à fond blanc ornées de bouquets émaillés en bleu et quatre fond rouge à rinceaux d'or; au centre, dans un médaillon à huit lobes se détachant sur un fond filigrané noir et encadré de rinceaux émaillés en blanc, une femme jouant du Ssé.

Haut., 29 cent.

31 — Petit plat à bords dentelés ; sur le marli, bordure à fond filigrané brun sur lequel se détachent des fleurs de pêcher en couleurs ; au fond, dans un encadrement de rinceaux fleuris, deux coqs près d'un rocher d'où s'échappent des tiges de pivoine et de magnolia.

Diam., 27 cent.

32 — Deux plats à marli décoré d'une bordure de mosaïques variées, séparées par six réserves contenant des

objets sacrés. Au fond, sujet en plein : un empereur accompagné de deux officiers contemple par la fenêtre d'un pavillon six femmes se livrant à des exercices équestres.

Diam., 31 cent.

33 — Plat creux a bord évasé et bordure mosaïque alternativement rose et bleu pâle interrompue par six réserves occupées par des poissons; au centre, sujet en plein : un empereur à cheval et accompagné d'un porte-étendard, est poursuivi par un guerrier à cheval et suivi d'un homme tenant une bannière sur laquelle sont les huit koua de Fouï.

Diam., 35 cent.

34 — Plat à bordure fond bleu, orné de deux chrysanthèmes et à trois réserves contenant des paysages. Au centré, dans un paysage, deux femmes, dont l'une tient une branche de pêcher chargée de fruits et de fleurs, et l'autre, une corbeile contenant des fruits.

Diam., 31 cent.

35 — Plat à large bordure gros bleu à rinceaux d'or à fleurs rouges et trois réserves de forme irrégulière contenant des paysages ; au centre, un groupe de fleurs de nelumbo et un saule pleureur,

Diam., 41 cent.

36 — **Deux plats octogones à bordure de lambrequins fleuris. Au centre, un chien de Fô jouant avec une boule.**

Diam., 372 mill.

37 — **Deux petits plats à décor émaillé en couleurs et or ;** au centre, dans un médaillon circulaire, un groupe de fleurs ornementales ; autour, large bordure composée de fonds partiels mosaïques, en bleu et en jaune paille portant des demi-rosaces, et de six médaillons oblongs encadrés de rinceaux d'or sur fond rouge et contenant des groupes de fruits et de fleurs.

Diam., 255 mill.

38 — **Plat creux à étroite bordure de rinceaux réservés en** blanc et fleurons dorés sur fond rose, contre-bordure ajourée émaillée en jaune paille ponctué de rouge ; au centre, un rocher fleuri, accompagné d'une balustrade dorée.

Diam., 28 cent.

39 — **Petit plat à bord lobé, décoré en noir et or. Sur le** marli, bordure ornementale ; au fond, le portrait de Jean de Leyde, accompagné de deux écuyers ; l'un tient un cheval par la bride et l'autre porte une couronne sur un coussin ; au-desous, l'inscription : Johannes Bucholdi à Leyda.

Diam., 285 mill.

40 — Grand compotier à couverte vert camélia à reflets irisés, gravé au revers, de fleurs ornementales; en dessous marque en forme de cachet, à la date de Kien-Long (1736-1796.)

Diam., 255 mill.

41 — Compotier hémisphérique à revers et bord brun et fond gros bleu portant un groupe de nelumbo gravé.

Diam., 20 cent.

42 — Compotier à bord évasé. Couverte jaune impérial; en dessous marque à six caractères portant la date de Tching-Te (1506-1522.)

Diam.. 205 mill.

43 — Deux assiettes; sur le marli, bordure mosaïque pavée bleu pâle à trois réserves contenant des groupes de fleurs et de fruit, émaillés en couleurs vives. Au centre, deux coqs dont l'un est perché sur un rocher entouré de branches de pivoines.

Diam., 215 mill

44 — Assiette à décor émaillé en couleurs; sur le marli, quatre bouquets; sur la chute, bordure de bâtons rompus en bleu et jaune, à quatre réserves de fleurs; au centre, une femme debout auprès d'un pêcher en fleur et accompagnée d'une enfant et d'un axis.

Diam., 25 cent.

45 — Deux assiettes à décor émaillé en couleurs; au pourtour, sur la chute, couronne de fonds partiels mosaïques encadré de rinceaux; au centre, un panier fleuri.

Diam., 25 cent.

46 — Deux assiettes à bordure émaillée en jaune à rinceaux noirs et fleurs rouges ; au centre, un médaillon octogone à bordure de rinceaux d'or sur fond rouge contenant un vase de fleurs, des livres et un écran ; à l'entour, des fleurs.

Diam., 25 cent.

47 — Assiette creuse ; sur le marli, bordure mosaïque noire à rosace d'or et à quatre réserves de paysages en or ; au centre, un sujet mythologique : deux nymphes étendues dans un paysage.

Diam., 23 cent.

48 — Quatre compotiers octogones à médaillon central encadré d'une bordure rouge à fleurons réservés en blanc et rehaussée d'or, renfermant un chien de Fô émaillé en noir à tâches d'or au milieu d'un groupe de pivoines ; au pourtour, des branchages chargés de chrysanthèmes armoriales et d'oiseaux.

Diam., 225 mill.

49 — Gobelet campanulé, fond émaillé jaune décoré de rinceaux fleuronnés entourant le caractère *bonheur*

quatre fois répété ; en dessous, la date de Young-Tching (1723-1736.) Pied en bois de fer.

Haut., 07 cent.

50 — Coupe hémisphérique à décor géométrique de fonds partiels mosaïques portant quatre médaillons hexagones ornés de caractères chinois en noir sur fond jaune.

Haut., 075 mill.
Diam., 090 mill.

51 — Petit bol campanulé à bordures d'arabesques sur fond amaranthe, au pourtour ; une longue inscription chinoise ; au fond, des branches de pin, de pêcher en fleurs et de cédrat main de fô chargé de fruits ; en dessous, le cachet de Kien-! ong (1736-1796).

Haut., 058 mill.
Diam.. 110 mill.

52 — Tasse campanulée et soucoupe ; large bordure fond rose mosaïque à trois réserves de fleurs ; au centre, dans un cartouche rocaille, un écu : de sable au cerf d'or.

Diam. de la soucoupe, 11 cent.
Haut. de la tasse, 41 cent.

53 — Soucoupe en porcelaine mince à décor émaillé ; bordure de rinceaux et fleurons et contre-bordure de

fleurs à trois réserves, encadrant un fond mosaïque
pavé noir sur lequel se détache un médaillon à six dents
contenant un rocher fleuri.

Diam., 115 mill.

54 — Un coq debout, soutenu par un tronc d'arbre et
émaillé en couleurs vives.

Haut., 31 cent.

55 — Un autre faisant pendant.

Haut., 25 cent.

56 — Coupe de forme sphérique surbaissée, à deux anses
latérales formées par des muffles de lion ; craquelé
gris veiné de brun à taches bleues.

Diam., 99 mill.

57 — Figurine de philosophe tenant un soulier à la main.
Terre à couverte imitant le bronze.

Haut., 096 mill.

58 — Petit groupe. — Personnage chinois accroupi portant sa coiffure sur ses genoux, derrière lui un démon.
Les chaires sont émaillées en brun jaune, les vête-
ments en noir et céladon bleu.

Long., 24 cent.

59 — Deux chevaux en porcelaine blanche partiellement
émaillée de taches vertes sur fond rouge.

Haut., 44 cent.

PORCELAINES DE CHINE FAMILLE VERTE

60 — Vase fuselé à pied élargi, décoré d'une bordure de
fleurs ornementales sur fond gris piqueté de noir. —
Sujet mythologique : quatre personnages sacrés voguent
sur les flots de la mer portés sur le dos d'un crapeau
monstrueux ; dans un nuage, on aperçoit les toits
d'une pagode.

Haut., 47 cent.

61 — Grande bouteille piriforme décorée en bleu sous couverte et en émaux de la famille verte de poissons, crustacés et plantes aquatiques. La séparation entre le col
et la panse est indiquée par une bande annulaire
bordée de deux filets bleus et ornée de fleurs ; sur
le col, des tiges de fleurs.

Haut., 47 cent.

62 — Petit vase bursaire, décoré au pourtour de deux
dragons contournés à queue fourchue et tenant des
lyng-thy.

Haut., 14 cent.

2

63 — Pot à eau couvert et cuvette oblongue à pans coupés, bordure mosaïque pavée rouge et or à quatre réserves de fleurs, décor de bouquets en couleurs et or. Le pot est garni d'une monture en argent ciselé du temps de Louis XIV.

Haut. du pot, 215 mill.
Long. de la cuvette, 295 mill.

64 — Pot à surprise en forme d'aiguière hexagone à anse en S et couvercle; décor d'objets sacrés dans des médaillons en hauteur occupant les six faces et à la gorge de petites fleurs de chrysanthèmes dont le cœur forme jour.

Haut., 23 cent.

65 — Deux plats décorés de groupes de chrysanthèmes entourant un médaillon central occupé par une chrysanthème armoriale; sur le marli, quatre demi-chrysanthèmes armoriales.

Diam., 37 cent.

66 — Plat creux à bord évasé; bordure mosaïque à six réserves contenant des fleurs. Au centre, un panier fleuri.

Diam., 35 cent.

67 — Deux plats creux à bords festonnés. Bordure de lambrequins, encadrés d'un filet saillant strié de

rouge, et contenant des branches de vigne chargées de grappes et de feuilles. — Au centre, se détachant sur un fond en bleu sous couverte, médaillon circulaire encadré d'une bordure de feuillages réservés sur fond rouge, et contenant une grenade sur sa tige.

Diam., 28 cent.

68 — Deux grands plats; Sur le marli, six personnages sacrés sur des animaux fantastiques; au centre, dans une bordure filigranée en bleu sous couverte à six réserves contenant des objets sacrés, un grand médaillon où vole un Fong-hoang portant une divinité.

Diam., 42 cent.

69 — Deux petits plats; sur le marli, bordure mosaïque rouge à cinq réserves contenant des fleurs et des crustacés ; au centre, dans un médaillon rond à bordure dentelée bleu et or, une carpe hissant des flots de la mer; autour, des chiens de Fô jouant avec des boules et des chevaux marins.

Diam., 27 cent.

70 — Grand compotier fond bleu fouetté, à cinq réserves, une centrale circulaire, contenant des fleurs, entourée de quatre autres, alternativement en forme d'éventail et de feuille et contenant des paysages et des fleurs.

Diam., 27 cent.

71 — Deux compotiers côtelés, bordure fond rose à rinceaux dorés à six réserves renfermant des paysages alternant avec des animaux chimériques. Au centre, un enfant au milieu de rinceaux dorés à feuilles et fleurs de pivoine.

Diam., 26 cent.

72 — Deux assiettes ; sur le marly, fond brun piqueté de noir chargé de demi-fleurs de pêcher et de feuilles, à quatre réserves contenant des fleurs. Au centre, un panier fleuri. En dessous, marque à la feuille et un numéro gravé indiquant la provenance du musée japonais de Dresde.

Diam., 212 mill.

73 — Gobelet à huit pans, sur pied conique s'évasant à la base. Décor de rochers fleuris.

Haut., 12 cent.

74 — Coupe-présentoir couverte décorée en bleu sous-couverte et émaux de la famille verte. Parties ajourées, rebouchées en émail.

Diam., 11 cent.

75 — Petite théière en forme de pêche dont les branchages forment le goulot et l'anse, le fruit est émaillé en jaune à taches vertes, les branchages en brun. Porcelaine émaillée sur biscuit.

Haut., 08 cent.

PORCELAINES DE CHINE DÉCOR BLEU

76 — Garniture composée de quatre pièces : Deux cornets
à ouverture évasée et deux potiches élevées à couvercle
bombé surmonté d'un chien de Fô doré. Sur un
fond pailleté relevé de fleurs et de papillons en relief
réservés en blanc, se détachent deux médaillons en
hauteur bordés d'un filet saillant et contenant une
femme portant une fleur de nelumbo.

> Haut. des cornets, 32 cent.
> — des potiches, 49 cent.

77 — Petite bouteille bulbiforme surbaissée et à col cylindrique, la panse est couverte de rinceaux à fleurs ornementales ; sur le col, au-dessus d'un filet annulaire saillant, une couronne de feuilles d'eau, près de l'ouverture, bordure de zig-zags. En dessous, la date de
Siou-en-te (1426-1435).

> Haut. 75 mill.

78 — Deux petites gourdes de forme orbiculaire aplatie
à piédouche portant sur chaque face un médaillon
circulaire en saillie décoré de paysage ; de chaque côté
une attache en forme de lyng-tchy, se détachant sur
une large bordure de fleurs sur fond d'or ; très petit
col cylindrique. — Monture en argent du temps de
Louis XVI.

> Haut., 17 cent.

79 — Petite théière de forme surbaissée, décorée de rinceaux, fleurons et grecques. En dessous, la marque *Yu* (Jade).

Diam., 07 cent.

80 — Deux grands plats à huit pans décorés en plein d'une grande fleur de nelumbo ornementale portant au centre, dans une réserve circulaire deux écus armoriés dans un cartouche surmonté d'une couronne de marquis. — Compagnie des Indes.

Diam., 43 cent.

81 — Petit plat à bords lobés. Au centre, un paysage animé d'oiseaux, dans un grand médaillon à huit pans se détachant sur un fond mosaïque; bordure divisée en huit médaillons ornés de bouquets de fruits alternant avec des objets emblématiques.

Diam., 36 cent.

82 — Plat décoré en bleu sous couverte; sur le marly, trois groupes d'arbres; sur la chute, bordure mosaïque à quatre réserves de fleurs. Au centre, une armoirie émaillée en couleurs et or, dans un cartouche accompagné de palmes et banderolles et surmonté d'un casque à lambrequin.

Diam., 355 mill.

PORCELAINES DE CHINE

FABRICATIONS EXCEPTIONNELLES

83 — Coupe en forme de corne de rhinocéros à bords sinueux, décorée en relief de branches de pin et de pêcher en fleur. Blanc de Chine.

Diam., 10 cent.

84 — Autruche sur un rocher. Bleu turquoise.

Haut., 95 cent.

85 — Pitong à corps ajouré, formé par un rocher auprès duquel croît un pin. Un enfant se hisse à la partie supérieure. Bleu turquoise.

Haut., 95 cent.

86 — Vase bursaire à six lobes et large ouverture à bord dentelé. Bleu turquoise.

Haut., 11 cent.

87 — Petite bouteille à corps ovoïde et col cylindrique ; couverte vert camélia, gravée d'un dragon dans les nuages.

Haut., 134 mill.

88 — Très petite bouteille ovoïde à col cylindrique s'évasant à l'ouverture. Vert camélia. — Pied en bois de
fer.

Haut., 08 cent.

89 — Bouteille à corps sphérique et col cylindrique, fond
jaune d'ocre décoré en relief de trois chiens de Fô
émaillés en vert et jouant avec une boule émaillée en
lilas.

Haut., 32 cent.

90 — Vase à quatre pans à angles rentrants, à piédouche
et col légèrement évasé pourvu de deux attaches formant ailerons. Couverte bleu empois.

Haut., 54 cent.
Diam., 22 cent.

91 — Bouteille ovoïde à col évasé fond bleu empois, décoré
d'un dragon dans les nuages en bleu sous couverte.

Haut., 21 cent.

92 — Petite gourde à trois renflements et col cylindrique
à ouverture évasée. Bleu fouetté portant des traces de
décor en or.

Haut., 145 mill.

93 — Petite gourde à corps sphérique en bleu trempé
portant une zone en vernis chamois à sa partie supé-

rieure ; le col renflé à sa partie inférieure et s'évasant
à l'ouverture, est décoré en bleu sous couverte sur
fond blanc. — Pied en bois de fer.

Haut., 14 cent.

94 — Petit vase bursaire en truité brun, orné d'une
ceinture à reliefs imitant la vannerie et teintée en
bronze.

Haut., 16 cent.

95 — Petite potiche à corps renflé et col court, truité
vert.

Haut., 11 cent.

96 — Vase piriforme à ouverture évasée en craquelé gris
jaunâtre à deux anses latérales formées par des chiens
de Fô, imitant le bronze.

Haut., 225 mill.

97 — Gourde à deux renflements en craquelé gris portant sur chaque renflement une zone réservée à fond
non émaillé sur lequel s'enlèvent en relief les huit
Koua de Fouï, émaillés en blanc et alternant avec des
groupes de chrysanthèmes jaunâtres à feuilles bleues.

Haut., 358 mill.

98 — Vase ovale de plan à corps ovoïde, piédouche et
ouverture évasée, portant deux filets saillants autour
du col et un autour de la base, craquelé gris empois.

Haut., 15 cent.

99 — Vase quadrangulaire à pied cylindrique et ouverture conique; craquelé gris.

Haut., 16 cent.

100 — Coupe à libations à petite anse rectangulaire, céladon gris verdâtre; en dessous, un cachet en bleu sous couverte.

Long., 11 cent.

101 — Deux cornets à anneau médian en saillie. Truité jaunâtre décoré en bleu d'une double couronne de feuilles d'eau en dessus et en dessous du renflement. Pied hexagone en bois de fer.

Haut., 19 cent.

102 — Vase quadrangulaire aplati à ouverture rétrécie, et deux petites anses latérales; craquelé gris décoré de rochers fleuris en bleu sous couverte.

Haut., 155 mill.

103 — Vase en forme de grenade supporté par trois pieds formés par des branchages avec feuillages et boutons de fleurs en relief; couverte grise craquelée à marbrures vert pâle.

Haut., 23 cent.

104 — Gourde orbiculaire à deux anses formées par des perroquets à piédouche et col droit à ouverture ovale bordée d'un ourlet et à couvercle plat surmonté d'un chien de Fô. Flambé rouge.

Haut., 46 cent.

105 -- Bouteille piriforme à long col coupé par un anneau médian et portant un renflement près de l'ouverture. Flambé violet.

Haut., 27 cent.

106 — Vase bursaire aplati dont la panse est divisée par quatre filets saillants ; de chaque côté du col, une petite attache tubulaire. Flambé rouge et bleu.

Haut., 13 cent.

107 — Petite potiche à col rétréci et ouverture légèrement évasée. Flambé grenat jaspé de bleu.

Haut., 16 cent.

108 — Gourde à deux renflements. Flambé noir et bleu.

Haut., 16 cent.

109 — Petit vase quadrangulaire à corps légèrement renflé et col rentrant à ouverture évasée, soufflé rose sur fond blanc ; intérieur émaillé en jaune.

Haut., 14 cent.

110 — Vase ovoïde à col cylindrique et ouverture évasée ; couverte gros bleu.

Haut., 36 cent.

111 — Petite gourde à deux renflements ; couverte gros bleu.

Haut., 15 cent.

112 — Vase cylindro-ovoïde à col cylindrique, couverte
noire à décor en or ; le corps est divisé en quatre
panneaux rectangulaires contenant des fleurs et se
détachant sur un fond de filigranes à fleurs ornementales.

Haut., 44 cent.

113 — Deux vases ovoïdes renflés à la base et à col évasé ;
sur l'épaulement, deux mufles de lions en relief portant des anneaux simulés. Couverte imitant le
bronze. — Pieds en bois de fer.

Haut., 37 cent.

114 — Coupe formée par une valve de coquille en porcelaine laquée noir à décor de paysages en or. Le revers
est entièrement doré.

Long., 004 mill.

115 — Chien de Fô jouant avec une boule. Porcelaine
imitant le vieil ivoire.

Long., 09 cen.

116 — Brûle-parfums en forme de coupe surbaissée à
panse godronnée, à trois pieds et deux anses dressées
sur les bords ; de chaque côté, un muffle de lion en
relief. Terre émaillée en gros bleu.

Diam., 10 cent.

117 — Théière oblongue formée par une feuille de nelumbo repliée et dont le pédoncule forme l'anse. Bocaro rouge.

Long., 15 cent.

118 — Crapeau en terre gaufrée chair de poule; une partie des points en relief est émaillée en blanc.

Long., 065 mill.

119 — Tabouret à base ajourée hexagone et siège circulaire. Grès émaillé en vert.

Haut., 52 cent.

PORCELAINES DU JAPON

120 — Deux vases ovoïdes à piédouche et col évasé, portant sur l'épaulement deux anses émaillées en vert; fond émaillé violet coupé par des filets verts saillants; décor en relief de branchages verts à fleurs blanches.

Haut., 38 cent.

121 — Bouteille à corps ovoïde et col allongé, décorée en bleu sous couverte en couleurs et or; sur chaque face, un médaillon réniforme en creux, entouré d'un galon saillant à fleurs sur fond d'or renfermant l'un : un coq

et une poule, l'autre une fleur de pivoine en relief.
Chacun de ces médaillons se détache sur un bouquet
de fleurs partant de la base. — Imari.

Haut., 235 mill.

122 — Flacon à corps hexagone et col conique s'évasant
légèrement à l'ouverture, décor émaillé en vert, bleu,
lilas et jaune; sur la panse, des branches fleuries et
un oiseau.

Haut., 17 cent.

123 — Ecran oblong à angles coupés, dressé sur une base
à quatre pieds; sur chaque face, un panneau rectangulaire décoré d'un paon dans un paysage. Faïence de
Satzuma.

Haut., 165 mill.

124 — Deux plats creux à seize pans, large bordure fond
bleu divisée en autant de compartiments occupés
alternativement par des oiseaux posés sur une branche
fleurie et des fonds mosaïques d'or chargés d'un médaillon circulaire quadrillé de bleu ou rouge à dragon
d'or; au fond, un paysage; à droite, Cheou-Lao accroupi sur un rocher, devant lui, une femme avec trois
enfants; au revers, bordure analogue à celle de l'intérieur; en dessous, fausse date chinoise à six caractères.

Diam., 32 cent.

125 — Deux petits plats creux à marli étroit, décorés de rinceaux à feuilles d'or et fleurs rouges. Le fond est orné de trois médaillons réniformes décorés de paysages et de groupes de fleurs s'élevant au-dessus d'une haie de graminées. Ces médaillons se détachent sur un fond gros bleu portant une chrysanthème rouge à feuillages d'or.

Diam., 27 cent.

126 — Deux compotiers octogones; au pourtour, large bordure bleue à fleurs et feuillages d'or, portant huit petits médaillons circulaires réservés en blanc et ajourés; au centre, un vase de fleurs en bleu, rouge et or.

Diam., 21 cent.

127 — Plat à bordure fond bleu chargé de rinceaux dorés et à trois réserves en forme de lambrequins ornés de groupes de fleurs et d'un kilin en rouge et or; au centre, un vase à trois pieds contenant des pivoines et des chrysanthèmes.

Diam., 29 cent.

128 — Plat octogone décoré en bleu, rouge et or. Bordure fond bleu chargé de rinceaux dorés et à réserves de forme irrégulière contenant des fleurs et des animaux chimériques; au centre, un vase contenant des pivoines et des chrysanthèmes.

Diam., 30 cent.

129 — Petite tasse décorée au pourtour d'une zone qua-
drillée interrompue par un groupe de deux femmes
japonaises d'un côté, et de l'autre par un bouquet de
chrysanthèmes. — Imari.

Diam., 06 cent.

130 — Petit bol hémisphérique côtelé à bords dentelés,
portant quatre médaillons fond rouge à décor de personnages en réserve, alternant avec des groupes de
fleurs ornementales en couleurs. — Pied en bois de
fer.

Haut., 56 mill.
Diam., 087 mill.

PORCELAINES DIVERSES EUROPÉENNES

131 — Deux vases ovoïdes renflés à la partie supérieure,
à couvercle bombé dont le bouton est formé par une
fleur, décorés de bandes en spirale alternativement
bleu céleste, à bordure de filets dorés et fond blanc à
guirlande de roses. Vieux Sèvres, pâte tendre. — Monture à pied élevé et deux anses en bronze doré.

Haut. totale, 271 mill.

132 — Deux flambeaux en porcelaine tendre blanche,
composés d'un groupe de Chinois sur terrasse, dont

trois accroupis autour du personnage central debout
et portant sur la tête le bobéchon destiné à recevoir la
lumière. Saint-Cloud.

Haut., 17 cent.

133 — Pot pourri en forme de potiche à couvercle bombé,
élevé sur une terrasse de rocailles et entouré de
branches fleuries en relief. Le couvercle et la partie
supérieure du vase portent des rosaces ajourées.
Mennecy.

Haut., 245 mill.

134 — Petit vase Médicis à six lobes, décor polychrome
de bouquets semés. Mennecy.

Haut., 085 mill.

135 — Vache couchée, sur terrasse émaillée en vert.
Chantilly.

Long., 20 cent.

136 — Minerve assise sur un trône et tenant un sceptre.
Saxe.

Haut., 27 cent.

137 — Six assiettes en porcelaine blanche à bords lobés et
dorés, marli composé d'entrelacs en relief formant des
balustres interrompus par trois médaillons ornés de
guirlandes. Saxe.

Diam., 24 cent.

3

138 — Tasse cul-de-poule à anse double entrelacée et soucoupe. Bordure de rinceaux et fleurons en or, semé de bouquets polychromes. Marque aux armes de Vienne.

Diam. de la tasse, 07 cent.
Id. de la soucoupe, 14 cent.

139 — Deux figures d'animaux : lion et lionne sur terrasse, en porcelaine blanche. Ginori.

FAIENCES DIVERSES

140 — Aiguière en casque et cuvette oblongue à huit lobes. Bordures festonnées et contre-bordure feuille de chou en vert de cuivre. Décor de paysages aquatiques en camaïeu lilas. Marseille.

Haut. de l'aiguère, 17 cent.
Long. de la cuvette, 375 cent.

141 — Douze assiettes à bords lobés à décor polychrome ; sur le marli, des guirlandes de fleurs ; au centre, dans un médaillon encadré de rocailles, des sujets mythologiques. Moustiers.

Ce lot sera divisé.

Diam., 25 cent.

142 — Drageoir couvert, formé par un groupe de six poires pourvues de feuilles en relief et émaillées aux couleurs naturelles.

Haut., 156 mill.
Diam., 21 cent.

143 —· Groupe en faïence blanche. Deux enfants portant des attributs de chasse au pied d'un tronc d'arbre auquel est suspendu un chevreuil. Allemagne.

Haut., 20 cent.

LAQUES

144 — Deux jolies boîtes rondes et profondes à côtes en ancien laque noir du Japon à décor d'or à fleurettes et parties veinées. Leurs couvercles sont reliés aux pièces par des montures Louis XV en or gravé à ornements rocaille. Belle qualité.

Haut., 8 cent.

145 — Joli petit meuble en laque noir décoré de paysages en or. Il a la forme d'un scriban, c'est-à-dire d'un petit bureau dont la base est pourvue de nombreux tiroirs et la partie supérieure, d'une petite armoire couronnée d'un fronton, fermant à deux portes et également garnie de tiroirs à l'intérieur.

Haut., 70 cent.

146 — Deux petits plateaux carrés à angles rentrants en laque burgauté à paysages, encadrés dans une bordure mosaïque.

Diam., 11 cent.

147 — Deux petits plateaux de forme hexagone en ancien laque burgauté du Japon, couvert d'un décor très soigné à quadrillages et rosaces variés.

Diam., 12 cent.

148 — Petit plateau carré à angles arrondis et rentrants en ancien laque noir du Japon, à décor d'or, composé de trois médaillons représentant des sujets variés.

Larg., 155 mill.
Long., 170 mill.

149 — Boîte cubique en laque rouge, décorée de personnages, rochers et fabriques en or. L'intérieur, doublé en velours et satin bleu de ciel, renferme six flacons à odeurs en cristal, montés en argent, un petit entonnoir de verre et un petit plateau en argent.

Haut., 16 cent.

SCULPTURES ET BRONZES DE L'ORIENT

150 — Bois de fer. — Groupe de deux figures. — Femme chinoise debout tenant un sceptre et accompagnée d'un enfant portant un vase. Socle en bois de fer sculpté à jour représentant un rocher.

Haut., 455 mill.

151 — Ambre jaune. — Figurine du Dieu Pou-Taï portant la pêche de longévité. Pied en bois de fer.

Haut., 155 mill.

152 — **Bronze.** — Figurine de la déesse Kouan-Inn accroupie sur un rocher ; près d'elle un oiseau et une petite urne. Pied recouvert en soie rose. Travail chinois.

Haut., 23 cent.

153 — **Bronze.** — **Deux** brûle-parfums formés chacun par un crapaud à trois pieds sur le dos duquel se tient debout sur un pied, un génie portant une gourde sur sa main droite. Bronze chinois.

Haut., **235** mill.

154 — **Bronze.** — Brûle-parfums en forme de coupe élevée, à godrons coupés par un filet en cordelière et deux anses latérales formées par des têtes de Fong-hoang. Couvercle bombé, composé de dragons dans des nuages. Bouton cylindrique percé de trous. Bronze de la Chine.

Haut., **15** cent.

155 — **Bronze.** — Vase à corps sphérique sur piédouche et à col cylindrique flanqué de deux anses trilobées en ailerons supportant des anneaux ; décor de grecques, palmettes et godrons. — Bronze chinois.

Haut., **185** mill.

156 — **Bronze.** — Petit vase potiche carré à ouverture évasée et à deux anses formées par des mufles de lions ; bronze en partie doré, décoré de dragons en relief ; à la base, des feuilles d'eau. —Travail chinois.

Haut., **132** mill.

TABATIÈRES

157 — Belle boîte ovale du temps de Louis **XVI** en or émaillé en plein, décorée de paysages en camaïeu rosé sur fond opalin. Elle est enrichie de cordons ciselés en relief et émaillés vert avec points d'émail imitant l'opale. Le dessus est enrichi d'un médaillon ovale peint sur émail, représentant deux nymphes enlaçant de fleurs une statue de l'Amour. Cette peinture est entourée de demi-perles.

158 — Très jolie boîte modèle navette, en or émaillé gros bleu avec cordons et montants ciselés en relief à feuillages et vases émaillés vert émeraude, rouge et opale' Chacun des six panneaux est entouré d'un rang de roses. Époque Louis **XVI**.

159 — Boîte carrée à angles arrondis montée à cage à pilastres et doublée en or. Elle est garnie de panneaux en mosaïques en relief exécutées en nacre, corail et or, sur fond laqué vert et représentant un paysage avec figure de Chinoise et des fleurs. Époque Louis **XV**.

160 — Belle boîte ovale en or de couleur ciselé à sujets de chasse et ornements sur fond gravé à mille raies. Époque Louis **XV**.

161 — Boîte ronde en poudre d'écaille bleue incrustée d'ornements d'or. Le couvercle est orné d'une jolie miniature en grisaille, représentant une scène de bacchanale, signée Nether 1790 et encadrée d'or ciselé à feuillages en relief et émaillés vert, blanc et bleu. Époque Louis XVI.

162 — Boîte ronde du temps de Louis XVI en vernis de Martin, à fond rouge et à mille raies blanches. Elle est galonnée en or ciselé et son couvercle est orné d'une jolie miniature sur ivoire représentant un portrait de femme, vue à mi-corps, le sein découvert.

163 — Boîte de forme sphérique aplatie et à contours en écaille incrustée d'or et de nacre de perles représentant des ornements rocaille, des fleurs et des oiseaux. Époque Louis XV.

164 — Drageoir à angles coupés en or ciselé à ornements rocaille, coquilles, fleurs et oiseaux. Epoque de la Régence.

165 — Boîte de forme oblongue à bouts godronnés, en or gravé à rinceaux et fleurs émaillées blanc sur fond d'émail noir. Sur le couvercle, un petit vase-applique exécuté en or, verre bleu et diamants, se détache sur un fond de lapis. Ce vase date du temps de Louis XVI.

166 — Boîte oblongue à bouts arrondis en argent ciselé à trophée, fleurs et festons sur fond cannelé. Époque Louis XVI.

167 — Drageoir de forme plate en argent ciselé doré en partie, orné d'un buste de femme et de petites figurines soutenant des draperies. Époque Louis XV.

168 — Boîte oblongue en poudre d'écaille rouge, montée en vermeil. Le dessus est orné d'un encadrement de feuillages incrustés en or et en argent.

169 — Petite boîte plate ovale du temps de Louis XV en argent ciselé à rinceaux, armoiries et ornements variés.

170 — Petite boîte oblongue à pans en argent doré avec ornements en filigrane rapportés et enrichie de huit petits médaillons peints sur émail et représentant des oiseaux et des fleurs sur fond blanc. Époque Louis XIII.

MONTRES

171 — Jolie petite montre en or émaillé décorée au fond d'un médaillon rond représentant Danaé entourée d'une couronne de fleurs se détachant en couleurs sur fond blanc. Le pourtour est émaillé vert et le cadran est décoré d'un paysage. Époque Louis XIV.

172 — Montre à cuvette émaillée représentant au fond deux personnages dans un paysage et au pourtour des médaillons de paysages sur fond bleu. Le cadran offre au centre un médaillon émaillé. Cette pièce est signée : *Les deux frères Huaut les jeunes.*

173 — Autre montre émaillée par les frères Huaut. Celle-ci est décorée au fond du sujet de la leçon de flute et offre également au pourtour des petits médaillons de paysages. Elle est signée *Les deux frères Huaut pintre de son A. S. à Berlin (sic)*.

174 — Belle montre du temps de Louis XV à cuvette émaillée représentant Bacchus et Ariane. Elle est montée en or repoussé à ornements rocaille et sont poussoir est formé d'un brillant.

175 — Belle montre du temps de Louis XV à répétition et à double boîte en or. Le boîtier extérieur représente un sujet tiré de l'histoire romaine et exécuté en or repoussé en haut relief. Les aiguilles sont formées d'un serpent exécuté en roses.

176 — Autre montre à double boîte en or repoussé à figures mythologiques et ornements rocaille. Époque Louis XV.

177 — Belle montre du temps de Louis XVI à répétition, en or émaillé gros bleu et ornements réservés au pourtour. Elle est enrichie d'un double rang de petits brillants et la cuvette porte un chiffre exécuté en brillants et formé des lettres M. et H. ; son poussoir est orné d'un brillant.

178 — Montre Louis XVI à cuvette formée de petites plaques d'agate orientale entourées d'un double encadre-

ment de petites perles et de rubis. Elle est montée en
or et sa double boîte renferme un mouvement à répétition.

179 — Montre Louis XVI en or de couleur ciselé à attributs de jardinage, fleurs et ornements.

180 — Petite montre Louis XVI formée d'une mandoline
en or émaillé et enrichie de demi-perles. Travail de
Genève.

181 — Montre analogue à celle qui précède, en or
émaillé à fond bleu empois. Travail de Genève.

182 — Autre montre en forme de mandoline en or émaillé
bleu et morceaux de musique simulés. Elle est enrichie
de demi-perles. Travail de Genève.

183 — Montre du temps de Louis XVI en forme de lyre
en or émaillé et demi-perles. Travail de Genève du
temps de Louis XVI.

184 — Pièce de même forme et de même travail. Celle-ci
contient un petit sujet automate représentant l'éducation de l'oiseau en or ciselé sur fond d'émail.

185 — Montre en forme de binocle en or émaillé décorée
de figures dans un paysage, de fleurs et enrichie de

demi-perles. Ses montants sont formés de deux têtes
d'oiseaux surmontés d'une couronne. Travail de Genève
sous Louis XVI.

186 — Montre en forme de fraise en or émaillé et demi-
perles. Mêmes travail et époque.

187 — Montre en forme de fleur en or émaillé enrichie
d'un rang de demi-perles. Travail de Genève du temps
de Louis XVI.

188 — Montre en forme de papillon en or émaillé et demi-
perles. Mêmes travail et époque.

189 — Montre en forme de gourde en or gravé et émaillé
en couleurs et formant flacon. Travail de Genève du
temps de Louis XVI.

190 — Montre de forme sphérique en or gravé à rayons
réservés sur fond d'émail bleu et ornements sur fond
blanc. Mêmes travail et époque.

191 — Montre analogue à celle qui précède avec fleurs et
feuillages réservés sur fond d'émail bleu.

192 — Montre placée dans une petite corbeille en or gravé
à fleurs et ornements réservés sur fond d'émail jaune.
Travail de Genève du temps de Louis XVI.

193 — Jolie bague-montre à répétition avec monture en
or, spirale visible et entourage en demi-perles. Cette
pièce porte l'inscription : *à l'empereur N.*

194 — Montre placée dans un flacon en or de forme
aplatie et à facettes avec bande émaillée et portant le
mot *souvenir*.

195 — Montre en forme de poire en or émaillé rouge et
bleu et ornements gravés réservés. Travail de Genève
du temps de Louis XVI.

196 — Montre de même forme en or émaillé à fond noir
et à bandes bleues, décorée d'oiseaux et de fleurs réservés en or et émaillés blanc. Mêmes travail et époque.

197 — Montre placée dans un médaillon ovale en or avec
cadran émaillé bleu portant le nom de Joh. Holzman,
à Vienne.

198 — Grande montre en or à sujet mécanique en or
ciselé.

199 — Montre de forme sphérique à côtes en cristal de
roche avec monture en argent émaillé. Travail moderne
dans le style du xvi⁰ siècle.

200 — Montre Louis XVI en or et jargons. Un émail moderne a été rapporté au fond de sa cuvette.

201 — Jolie montre du temps de Louis XVI en or et diamants. La cuvette est ornée d'un trophée se détachant sur fond d'émail bleu et suspendu à un nœud de rubans, le tout exécuté en roses. La belière, le poussoir et l'entourage du cadran sont enrichis de diamants.

202 — Grosse montre Louis XIV en argent gravé avec cadran orné d'une peinture sur émail. Elle est accompagnée d'une châtelaine en argent avec plaque gravée à bustes doubles, de même époque.

BIJOUX

203 — Plaque rectangulaire en cristal de roche gravée en creux et représentant la toilette de Vénus. xvi⁰ siècle. Cadre en argent.

204 — Joli petit bijou du xvi⁰ siècle formé d'un camée ; sainte face, gravée sur agate à trois couches avec entourage formé d'une sainte femme en or émaillé.

205 — Deux petits bustes d'hommes, l'un en jaspe vert, l'autre en jaspe rouge. Ils sont montés sur des petits fûts de colonnes en jaspe vert.

206 — Petite coupe oblongue à bords rentrants en cristal de roche taillé à pans.

207 — Étui ovale et profond en forme de boîte dont le couvercle ouvre à ressort, en or de couleur ciselé à trophées, fleurs et ornements variés. Le poussoir est formé d'une rose. Époque Louis XVI.

208 — Deux jolis porte-montres formés de petites plaques ovales, en ancienne porcelaine de Sèvres, pâte tendre, décorées de trophées et montées en bronze ciselé et doré au mat. Époque Louis XVI.

209 — Châtelaine en or émaillé à médaillon en grisaille sur fond brun et ornements émaillés vert, bleu et blanc. La monture de cette pièce est en cuivre doré et elle est accompagnée d'une clef et d'un cachet en or émaillé bleu et blanc en forme de vase. Époque Louis XVI.

210 — Breloquet Louis XVI formé de chaînettes en or et perles fines, garni de quatre cachets, d'une attache et d'une clef, de même travail.

211 — Autre breloquet en or du temps de Louis XVI, formé de chaînettes auxquelles sont appendus un petit dauphin en or et un petit calendrier en or et émail bleu.

212 — Châtelaine en or à médaillons émaillés. Époque Louis XVI.

213 — Belle châtelaine de style Louis XVI en or ciselé, enrichie de trois peintures en grisaille sur émail dont deux de travail ancien représentant des jeux d'enfants.

214 — Étui ovale du temps de Louis XVI en or guilloché et ciselé, à médaillons, trophées et festons de fleurs.

215 — Étui à pans du temps de Louis XVI en or gravé et ciselé à ornements.

216 — Cachet en or avec tige en onyx gravée à mascaron, tête de chérubin et intaille représentant une marche de Silène.

217 — Broche formée d'un camée sur agate onyx, tête de négrillon avec monture en marcassite.

218 — Deux pendants d'oreilles formés de négrillons en or émaillé et de grappes de perles.

219 — Boîte de forme lenticulaire en émail de Chine, décorée de dragons et de fleurs sur fond bleu clair.

220 — Deux amulettes, l'une en forme de fruits en agate orientale, l'autre en jade blanc verdâtre.

221 — Deux broches formées chacune d'une peinture en émail en grisaille sur fond rouge avec monture en argent et émeraudes.

222 — Cachet formé d'un casque en cristal de roche.

223 — Boîte formée d'un fruit sphérique à côtes montée en argent. Le couvercle est orné d'une pierre.

224 — Bague Louis XV, formée d'un masque en or émaillé et enrichie de diamants.

225 — Cassolette Louis XIII à fleurs émaillées sur fond noir.

226 — Breloque formée d'un petit navire en corail garni d'un petit sifflet en or et d'une chaînette en or et corail.

227 — Lettre G exécutée en cailloux du Rhin.

228 — Monocle formant cachet tournant avec monture en or ciselé. Époque Louis XVI.

229 — Médaillon rond en écaille frappée et dorée représentant l'intérieur d'un atelier de peintre. Époque Louis XVI.

ÉVENTAILS

230 — Éventail Louis XV avec monture en nacre de perles sculptée à figures et ornements rehaussés de dorure et feuille peinte représentant un sujet biblique.

231 — Éventail Louis XVI avec monture en ivoire sculpté à bustes et personnages et montants ornés de marcassites. La feuille est décorée de médaillons sujets champêtres, de fleurs et de bustes.

232 — Autre éventail à monture d'ivoire rehaussé de couleurs et à feuille peinte. Époque Louis XV.

233 — Éventail en ivoire décoré d'un sujet champêtre dans le goût des vernis de Martin. Dans sa gaîne en cuir.

234 — Très petit éventail en ivoire finement sculpté à sujet représentant le char de l'Aurore et finement repercé à jour. Les montants sont en or gravé et repercé et son attache inférieure forme lorgnette. Travail des dernières années du xviiie siècle.

235 — Autre petit éventail en ivoire finement repercé à jour et rehaussé de dorure.

MINIATURES ET DESSINS

236 — Jolie miniature ronde sur ivoire par VIAUX. — Portrait de femme en costume Louis XVI et à mi-corps. On lit au revers : Mme la comtesse du Roure, de la suite de Madame. 1778. Cadre en or, à filet émaillé blanc.

237 — Miniature ovale sur ivoire. — Portait de femme
en costume blanc du temps de Louis XVI avec ceinture violette. Cadre en bronze doré au mat.

238 — Miniature ovale sur ivoire attribuée à CHARLIER.
— Portrait de jeune femme vêtue d'un manteau rouge.
Cadre en bronze doré à ruban.

239 — Miniature rectangulaire sur vélin, signée J.-A.
PETERS. — Portrait de femmme assise, dans un intérieur Louis XV. Cadre en bronze doré.

240 — Miniature ronde sur ivoire signée HALL. — Portrait de jeune fille vêtue d'un corsage bleu et coiffée
d'un chapeau de paille. Elle tient une lettre de ses
deux mains. Cadre en bronze doré.

241 — Miniature ovale en hauteur. — Portrait de femme,
le sein découvert. Cadre en cuivre doré.

242 — Miniature ovale sur vélin, du temps de Louis XIV.
Portrait de femme vêtue de soie et d'un manteau bleu.
Dans un cadre en argent ciselé.

243 — Deux miniatures ovales de même époque. — Portraits de femmes.

244 — Miniature ronde sur ivoire. — Jeune fille assise
près d'un rouet.

245 — Deux dessins à la sépia. Vues de châteaux et de
parcs animés par quantité de figures. Epoque
Louis XVI.

246 — Petite miniature sur vélin, par FRIDERICK BRENTEL.
Sujet pastoral. Dans un cadre en bois sculpté et doré.

247 — Quatre jolies gouaches ovales représentant des
scènes mythologiques dans le goût de BOUCHER. L'une
d'elles porte les initiales F.-B. Cadres dorés à moulures.

248 — Jolie gouache attribuée à BAUDOIN et représentant
une scène d'intérieur sous Louis XVI.

249 — Jolie gouache attribuée au même artiste: La douce
résistance.

250 — Miniature gouachée sur ivoire. Renaud et Armide.
Dans un cadre en bois sculpté et doré.

251 — Petite miniature ovale du temps de Louis XVI. —
Portrait de femme en costume rose et coiffée de den-
telles. Cadre en cuivre doré.

252 — Petite miniature de forme contournée, provenant
d'un drageoir et représentant un festin champêtre.

253 — Grande miniature gouachée attribuée à BAUDOIN.
La Fille mal gardée.

254 — Deux miniatures rondes gouachées. Le coucher de
la mariée et le fruit de l'amour secret.

255 — Miniature sur vélin en largeur. Scène tirée de
l'histoire romaine. Époque Louis XIV. Cadre plaqué
d'écaille à moulures guillochées.

256 — Miniature ronde sur ivoire, signée Roche. — Portrait de femme.

257 — Miniature ronde sur ivoire. — Portrait d'homme
de profil à gauche en grisaille sur fond noir. Cadre en
bronze doré.

258 — Petite miniature ovale sur vélin. — Portrait
d'homme portant l'armure du temps de Louis XV.
Dans un cadre en bronze doré composé de deux figures
d'Amours et surmonté de la couronne royale.

259 — Portrait d'homme peint sur émail, en costume
rouge et portant la perruque à rallonges du temps
de Louis XIV. Dans un joli petit cadre du temps de
Louis XVI, en bois sculpté à festons de lauriers et
ruban.

260 — Médaillon ovale peint sur émail et représentant
un sujet mythologique. Époque Louis XVI.

261 — Deux jolis médaillons ronds en vernis de Martin,
représentant l'un, des jeux d'Amours, l'autre un sujet
allégorique. Cadres en bois doré.

262 — Trois médaillons peints sur émail et représentant des portraits de femmes. Ils sont encadrés de jargon. Époque Louis XVI. Bordure en bronze doré et fond de velours rouge.

263 — Deux miniatures gouachées sur vélin, représentant des sujets mythologiques. Cadres en bois sculpté et doré. Époque Louis XIV.

264 — Joli dessin au crayon rouge par BERTAUX. Exposition d'un condamné.

265 — Dessin à la sépia. — Offrande à Priape. Époque Louis XVI.

266 — Gouache du temps de Louis XVI, représentant une fête de village.

267 — Deux jolies gravures rehaussées par DE BUCOURT, 1786 : la Noce villageoise et le Bal champêtre.

268 — Deux jolis dessins rehaussés par A. BOREL. — Le Colin-maillard et le Gage touché.

269 — Belle miniature par William BAUR. — Vue de ville antique animée d'un grand nombre de personnages.

ORFÈVRERIE

270 — Jolie applique de forme contournée en argent repoussé, à médaillon de paysage entouré de rinceaux, de fleurs et d'un trophée d'armes.

271 — Calendrier formé d'une applique en argen repoussé à rinceaux, fleurs et groupes de fruits. Travail allemand du xviiie siècle.

272 — Petit gobelet à couvercle et reposant sur trois boules, en argent repoussé à bustes et groupes de fruits. Époque Louis XIII.

273 — Etui à cire en argent à côtes en spirale. Époque Louis XV.

274 — Tire-bouchon de poche en forme d'olive à côtes en argent. Même époque.

275 — Cachet tournant formant tire-bouchon en argent, avec armoiries et chiffre gravés. Époque Louis XV.

276 — Deux très petits plateaux ovales en argent repoussé à paysages et ornements. xviiie siècle.

277 — Étui Louis XV en argent repoussé, contenant divers ustensiles.

278 — Petit livre de prières avec reliure en argent
repoussé.

279 — Bas relief oblong en argent repoussé, représentant
une scène de concert sous Louis XV.

280 — Médaillon rond en argent repoussé, représentant
Pâris, Hélène et deux Amours. Cadre en cuivre
argenté.

281 — Deux médaillons ronds en argent repoussé : Entrée
de port de mer et sujet allégorique, xvııe siècle.

ARMES & FERS

282 — Petit mousquet à rouet, modèle pied de biche,
avec monture incrustée de nacre et d'ivoire gravés.
xvie siècle.

283 — Mousquet à rouet avec monture incrustée d'os
gravé et batterie enrichie d'appliques en cuivre
gravé et découpé. xvie siècle.

284 — Belle plaque en fer repoussé conservant des traces
de dorure. Elle représente Hercule combattant Cer-
bère, dans un cartouche ovale soutenu par deux
Génies ailés et se terminant à sa partie inférieure par
un mascaron. Italie. xvie siècle.

285 — Deux fragments en fer repoussé représentant les figures de Mars, de Vénus et de l'Amour. Italie. XVIe siècle.

286 — Deux jolis pistolets avec canons et batteries en fer ciselé et doré. Les canons sont signés : Cordier, à Fontenay. Époque Louis XIV.

287 — Deux pistolets turcs avec montures incrustées et canons et batteries dorés.

288 — Amorçoir en ivoire sculpté à sujets de chasse et animaux. Travail oriental.

289 — Curieux poignard à manche d'ivoire sculpté, à figures de chasseurs orientaux et autres paraissant être des caricatures; dans le haut de la fusée sont des branchages et des oiseaux. Le pommeau, sphérique, offre des animaux, des fleurs et des petits mascarons, têtes d'enfants finement exécutées. Travail persan du XVIe siècle.

290 — Amorçoir du temps de Louis XV, en fer ciselé, à trophées d'armes, fleurs et ornements sur fond damasquiné d'or.

291 — Dague à manche en fer; sa fusée est unie, son pommeau et l'extrémité des quillons sont repercés à jour. Fourreau en cuir avec garniture en fer découpé. XVIe siècle.

292 — Ciseaux décorés d'ornements dorés, avec gaîne en
fer et cuivre gravé.

293 — Couteau pliant du temps de Louis XIII, avec
manche en bois sculpté à figures.

294 — Autre grand couteau pliant à lame et manche en
fer gravé. Le manche est repercé à jour.

295 — Petit couteau pliant en fer doré, de travail
oriental.

296 — Drageoir octogone en fer repoussé à côtes en
spirale avec appliques rapportées en cuivre ciselé.
Époque Louis XIII.

297 — Petit modèle de commode en fer gravé, enrichie
d'ornements rapportés en cuivre ciselé et découpé à
jour. Époque Louis XV.

298 — Applique en cuivre repoussé et doré, à trophées
d'armes et figures, et étendards rapportés en argent
repoussé. Dans le bas, deux écussons armoriés et un
arc en argent. xviiᵉ siècle.

299 — Deux pièces : Batterie de fusil à pierre finement
ciselée, et fragment offrant quantité de figures en
relief.

300 — Poignard indien avec manche à recouvrement, en fer ciselé, repercé à jour et plaqué d'argent.

301 — Couteau à manche en bois sculpté se terminant par une tête casquée. Époque Louis XIII.

302 — Couteau à lame gravée et dorée et manche en ivoire se terminant par une tête de lion. xvie siècle.

303 — Couteau et fourchette à manches d'argent à côtes en spirale et tête de lion. xviie siècle.

304 — Couteau et fourchette à manches d'argent formés chacun d'un lion debout tenant un écusson. xviie siècle.

305 — Petit couteau-yatagan à manche et fourreau en argent niellé.

306 — Couteau à lame gravée et dorée et manche en ivoire formé d'une cariatide d'homme. xvie siècle.

307 — Dague à lame striée et repercée à jour et à garde et pommeau en fer ciselé à entrelacs conservant des traces de dorure. La fusée est en bois. xvie siècle.

308 — Couteau à longue lame effilée et à manche en ivoire représentant le Sacrifice d'Abraham. Le fourreau en cuir est garni d'ivoire et orné de deux médaillons ronds en argent gravé.

309 — Couteau à manche d'ivoire composé de trois figures d'enfants. xvii° siècle.

310 — Dague Louis XIII, à manche d'agate garni en argent doré.

311 — Petit couteau à lame gravée et dorée avec manche formé d'une statuette de Vénus en ivoire. xvi° siècle.

312 — Couteau à manche d'ivoire composé de trois figures debout. Époque Louis XIII.

313 — Petite dague à manche d'ivoire formé par un lion assis.

314 — Couteau et fourchette à manche d'ivoire se terminant par des bustes d'homme et de femme.

315 — Deux petits couteaux Louis XV; l'un d'eux à manche d'agate et fourreau en argent, l'autre à fourreau en galuchat et manche incrusté d'argent.

316 — Couteau espagnol à fourreau et manche en argent ciselé et gravé.

317 — Couteau avec fourreau en galuchat et manche d'ivoire garni en argent.

318 — Petit sabre d'enfant à lame courbe et poignée en
corne garnie en fer doré. Travail oriental.

SCULPTURES

319 — Marbre blanc. — Jolie petite statuette d'enfant
nu assis attribuée à *Pigalle*. Il donne la becquée à
une colombe et a près de lui une coquille. Base carrée
reposant sur un socle en marbre vert, élevé lui-même
sur une monture en bois doré.

320 — Bois. — Trois petits groupes composés chacun de
deux figures mythologiques. xviiᵉ siècle.

321 — Bois. — Petite statuette de génie nu et casqué
tenant une branche de laurier et une figure de Renom-
mée. Travail attribué à *Bonzanigo*.

322 — Ivoire. — Cuiller et fourchette à manches se
terminant par des cariatides.

323 — Ivoire — Joli petit bas-relief rectangulaire en
hauteur représentant Junon, Vénus, Hélène et
l'Amour.

324 — Ivoire. — Petit bas-relief ovale en largeur.
Fleuve couché. xviiᵉ siècle.

325 — Ivoire. — Bas-relief dans la manière de Van
Opstal. Enfant et chèvres. Cadre en bois noir.

326 — Ivoire. — Petit christ très finement sculpté. Il
est placé dans une niche fermant à volets incrustée
d'étain et d'ivoire gravé et portant à l'intérieur l'inscription suivante : *Michael Angolo Buonarotto Ita-
liano fecit* 1542.

327 — Bois. — Petit bas-relief représentant la Fortune
debout. Il porte les initiales V. S. G. et date du
xvie siècle.

328 — Bois. — Deux jolis petits bas-reliefs de forme
rectangulaire représentant des scènes de la vie des
champs. Cadres à moulures en bois noir. xviie siècle.

329 — Bois. — Petit lion couché tenant un cartouche
avec chiffre gravé. Époque Louis XIII.

330 — Marbre blanc. — Petit bas-relief rectangulaire
représentant des branches de chêne et des fleurs.

331 — Bois. — Deux médaillons ronds sculptés en bas-
relief et représentant des bustes de profil. Époque
Louis XIII.

332 — Bois. — Deux très petits cadres ovales pour miniatures, en bois sculpté et doré à rinceaux, guirlandes de fleurs, etc. xviiie siècle.

333 — Ivoire. — Deux très petits bustes de femmes. Époque Louis XIV.

334 — Bois. — Quatre bas-reliefs rectangulaires représentant les Saisons figurées chacune par un enfant nu assis et divers attributs. XVIIe siècle.

335 — Bois. — Deux petits bustes d'hommes en costumes des premières années du XVIIe siècle.

336 — Ivoire. — Petit thermomètre avec monture en ivoire finement sculpté et repercé à jour. Époque Louis XVI.

OBJETS VARIÉS

337 — Deux vases-appliques en forme de gourde en ancien émail cloisonné de la Chine décorés de fleurs et de fruits sur fond bleu clair. Ils sont placés sur des supports en cuivre doré émaillé à gouttelettes.

338 — Peinture en grisaille sur émail de Limoges, par *Jean Laudin*. Vénus fustigeant l'Amour.

339 — Cadran solaire de poche avec boussole, en ivoire gravé et cadran d'argent gravé. Cette pièce porte l'inscription suivante : Fait et inventé par Charles Bloud à Dieppe. XVIIIe siècle.

340 — Deux petits obélisques en porphyre rouge oriental
sur socles en marbre blanc incrustés de plaques de
porphyre rouge.

341 — Petit bougeoir-briquet du temps de Louis XVI en
fer à ornements dorés.

BRONZES D'ART

342 — Quatre jolies figures allégoriques assises en
bronze. Travail français du temps de Louis XIV.

Haut., 38 cent.

343 — Bas-relief représentant une scène de bacchanale.
Bronze italien du xviie siècle dans un cadre en bronze
doré.

Haut. totale, 20 cent.; larg., 39 cent.

344 — Encrier formé d'un vase supporté par trois figures
d'enfants debout. Bronze italien du xvie siècle.

Haut., 11 cent.

345 — Petit groupe : Génie montant un cheval au galop.
Bronze italien du xvie siècle.

Haut., 14 cent.

346 — Groupe en bronze, par Barye : Ours attaqué par
des chiens.

Larg., 34 cent.

BRONZES D'AMEUBLEMENT

347 — Belle paire de chenets du temps de Louis XVI à
vases et galeries en bronze doré et enrichis de lions
couchés en bronze vert.

348 — Thermomètre placé dans une lyre Louis XVI en
bronze ciselé et doré avec fond en marqueterie et piédouche en marbre bleu turquin orné de guirlandes de
roses en bronze doré.

349 — Deux beaux flambeaux du temps de Louis XVI, en
bronze ciselé et doré, à tiges à ressauts et volutes et
bases ornées de bustes en relief.

350 — Deux petits flambeaux formés chacun d'une figurine d'homme accroupi, en bronze, sur socle en bronze
ciselé et doré.

351 — Cartel Louis XVI en forme de vase en bronze
bleu avec anses formées de cariatides ailées, en
bronze ciselé et doré.

352 — Deux flambeaux du temps de Louis XVI, en bronze ciselé et doré.

353 — Deux appliques porte-montres formées de trophées d'instruments de musique en bronze ciselé et doré. Époque Louis XVI.

354-355 — Trois autres paires d'appliques porte-montres en bronze ciselé et doré. Ce lot sera divisé.

356 — Deux très petits chenets Louis XVI formés chacun d'un petit groupe en bronze vert représentant un petit génie s'appuyant sur un trophée d'armes et reposant sur un socle à quatre pieds en bronze doré.

357-358 — Fort lot d'appliques pour meubles en bronze ciselé et doré du temps de Louis XVI telles que chutes, vases, guirlandes, rosaces, etc. Ce lot sera divisé.

MEUBLES

359 — Deux jolies petites tables-étagères de forme ronde, à quatre pieds et à double tablette d'entre-jambes en bois de rose garnies de bronze ciselé et doré et à dessus de marbre blanc. Époque Louis XVI.

360 — Table tricoteuse de style Louis XVI, en bois d'acajou et bois d'érable richement garnie d'ornements, en bronze ciselé et doré.

361 — Petite table du temps de Louis XVI, en marqueterie de bois à grecques au pourtour et médaillon sur
le dessus représentant un faisan.

362 — Vitrine de style Louis XVI en bois d'amaranthe et
bois d'érable garnie de bronzes dorés. Sa face et ses
côtés sont vitrés.

Haut., 1 m. 70 cent. ; larg., 1 m. 65 cent.

363 — Jeu de jaquet incrusté de bois et d'os. Travail véni-
tien de XVIe siècle.